AF222334

*Ruth Wille * Beobachtungen*

Nach ihrem ersten Gedichtband „Das Chaos verwalten" hat sich die Autorin Ruth Wille in ihrem zweiten Gedichtband u. a. Gott und die Welt vorgenommen ohne die kleinen alltäglichen Begebenheiten aus den Augen zu verlieren. Ihre Beobachtungen und philosophischen Gedanken sind so breit gefächert, dass man sie nicht in eine Schublade stecken kann. Ob sie Gedanken zur Kirche, oder zum Kosmos hat oder Erinnerungen an frühere Zeiten in den Fokus nimmt, immer kann man sich wiederfinden oder bekommt Denkanstöße.

Beobachtungen

Gereimte Alltagseindrücke

©Herstellung und Verlag: Books on Demand GmbH, Norderstedt

ISBN 9783842375253

1. Auflage 2011

Die Deutsche Nationalbibliothek verzeichnet diese Publikation in
der Deutschen Nationalbibliografie; detaillierte Daten sind im
Internet über dnb.d-nb.de abrufbar.

Umschlaggestaltung und Bilder: Ruth Wille

Inhalt

Evolution

Hätten die Männer bei der Jagd so viel gequatscht wie
die Frauen,
wäre das Rudel der Rehe doch sofort abgehauen.
Hatte er sich dann entschieden, welches Tier er
anvisiert,
musste er schauen, dass er`s nicht aus den Augen
verliert.
Deshalb hat er auch heute noch den Tunnelblick
und wenn er nichts findet, dann ist das kein Trick
sich vor dieser oder jener Arbeit zu drücken,
so steht`s nicht in ihrem „Fahrplan" die Frauen zu
beglücken.
Sie wollen mit dem Erlegen der Beute glänzen
und so einen Teil zur Ernährung ergänzen.
Die Frauen waren ganz anders geartet,
die sind zusammen ins Unterholz gestartet
und hielten durch Reden untereinander Kontakt,
bemerkten so, wenn eine etwas nicht packt,
konnten sich dadurch Unterstützung geben,
und meisterten so Unzulänglichkeiten im Leben.

Naturgesetz

Die Natur geht verschwenderisch um mit dem Leben,
sonst könnt´ es die Nahrungskette gar nicht geben.
Es gibt Modellrechnungen bei Mäusepärchen;
eine enorme Nachkommenschaft in einem Jährchen,
oder bei Fischen die Millionen von Eiern,
es gäb` keinen Kaviar bei entsprechenden Feiern.
Für`s Individuum ist es natürlich schlimm,
kaum im Leben, ist es schon wieder hin.
Je höher man aber in der Nahrungskette ist,
wird die Zahl der Jungen geringer,
weil die kaum einer frisst.

Ewiges Leben?

Wenn wir uns zu sehr ans irdische Leben krallen,
wird uns das Gehn von der Erde sehr schwer fallen.
Doch man weiß, jeder muss diese Erde verlassen,
auch wenn er Angst hat, er könnte zu viel verpassen!
Doch mit einer großen Portion Gottvertrauen
kann man gelassener auf das Ende schauen.
An das ewige Leben zu glauben fällt schwer,
denn die Wissenschaft bekommt keine Beweise her.
Sie stellt Theorien auf und Hypothesen,
was wäre wenn und was wäre gewesen.
Doch Glaube und Wissen gehen Hand in Hand,
und manchmal überfordert der Glaube den Verstand;
denn was nach dem Tod kommt, das wissen wir nicht,
eine Wandlung? Vielleicht eine hin zum Licht?
Unsere Vorstellungskraft ist doch sehr beschränkt,
und wenn man so 500 Jahre zurückdenkt:
Wer konnte sich da tonnenschwere Flugzeuge
vorstellen, die fliegen?
Der wurde als Spinner verbannt und vertrieben.
So gibt es heut´ vieles, was früher undenkbar,
es funktioniert, ist bewiesen, selbstverständlich und
wahr.

Kosmos

Geh ich ins Planetarium,
und sitze da ganz still und stumm,
erkenn` ich dort in Raum und Zeit,
das Leben ist `ne Winzigkeit.
Was gilt in dieser Dimension
tausende Jahr` Evolution?
Ist es bei der Wahrscheinlichkeit
nicht toll, dass die Welt Wirklichkeit!?
Und auf ihr - ungezählte Leben,
da muss es einen Gott doch geben,
der mich bei meinem Namen rief!
Das Thema beschäftigt mich schon tief.
Wo kam ich her, wo geh ich hin?
Was hat das Leben für ein`n Sinn?
Im Weltraum geht die Welt verloren,
und doch wurd` ich auf ihr geboren!
Mein Leben so mit andern meistern,
dafür kann ich mich schon begeistern.
Und sind wird wirklich nur so klein,
sind wir doch einzigartig, kann das sein?

Versprechungen

Wie oft wird einem heut` erzählt
im Fernsehn, Zeitung und der digitalen Welt,
Gesundheit, unser höchstes Gut
bleibt nur, wenn man was dafür tut.
Dann aber könnt man ewig leben
und muss den Löffel nie abgaben.
Also gehen wir in`n Sportverein,
denn viel Bewegung muss ja sein,
dann zur Ernährungsberaterin
schließlich weiß die, was im Essen ist drin,
und dann den Stress in Grenzen halten,
vielleicht gar ein`n Gang runterschalten,
so kann man ziemlich fit alt werden
doch alles hilft nichts, einmal muss man doch gehen
von der Erden.
Dann kann es tröstlich sein zu wissen
mein Leben war gut oder beschissen
das liegt dann nur in Gottes Hand.
Wehrt sich dagegen mein Verstand,
so muss man auf Erden egoistisch sein,
denn mit der Angst vorm Tod ist man dann allein.

Kirche

Warum treten Menschen aus der Kirche aus?
Die Spuren der Gesellschaft sind doch aus dem
Christenhaus!
Wo können wir im Alltag die Kirche spüren?
Warum tut sie immer weniger interessieren?
Sie versucht die Quadratur des Kreises,
aber das ist unmöglich, ja ich weiß es!
Wie gern würden viele die Kirche gestalten,
aber dann heißt es: „Stopp! Wir müssen haushalten
mit unseren Kräften und den Finanzen,
auch für uns gilt das Gesetz der Bilanzen!"
Wir können nur versuchen, den Mensch anzunehmen,
Mehr geht nicht; da brauchen wir uns nicht zu
schämen.
Nur, den Anspruch und die Wirklichkeit annähernd
kongruent zu bekommen,
entspricht der Quadratur des Kreises, wie schon oben
vernommen.
Der Anspruch ist einfach zu hoch – und was passiert?
Die Unentschlossenen sind von ihrer Kirche frustriert.

Glaube im Alltag

Wo ist unser Glaube im alltäglichen Leben?
Wo kann er uns helfen und Hoffnung geben?
Manchmal er geht unter im Alltagsgetriebe,
aber es ist auch eine Haltung, ein Gefühl wie die Liebe.
Grad` in Krisen erkennen wir die Mitmenschlichkeit,
besonders gläubige Menschen sind dazu bereit,
ein Leid zu teilen und so mitzutragen,
man muss es nicht fordern, sondern einfach nur sagen!
Und diese Haltung ist mehr vorhanden, als man denkt,
die muss man auch zeigen, es gibt sie nicht ganz
geschenkt.

Unabhängigkeit?

So ein unabhängiges, selbstbestimmtes freies Leben,
wie es oftmals propagiert wird kann`s gar nicht geben.
Jeder braucht seinen Freiraum, das ist nicht zu
bestreiten,
doch der ist begrenzt durch Abhängigkeiten,
denn jeder braucht eine Grundlage zum Existieren,
dazu braucht er Gemeinschaft, würde er die verlieren,
steht er vielleicht frei aber einsam in der Welt,
und das ist nichts, was dem Sozialwesen Mensch
gefällt.

Was bin ich?!

Ein kleiner Mosaikstein im Weltengetriebe,
das bin ich vielleicht, - und doch, ohne mich bliebe
ein kleiner Zweig Hoffnung verdorrt und kahl,
würde abgeschnitten: "Ja, es war einmal."
Mit mir da grünt und blüht er weiter,
braucht wechselhaftes Wetter, mal wolkig mal heiter.
Ich halte die Stürme für die Zukunft aus,
denn ich weiß: ich bin wichtig und bau mit an diesem
Weltenhaus.
Und muss ich dann gehen, mach für die Kinder Platz,
so weiß ich: ohne mich Stein gäb's dieses Haus nicht,
diesen Schatz.

Das Wunder Kind

´s passiert viel tausendmal im Jahr,
und jedermann ist es auch klar,
wenn Eizelle und Mannes Samen
passend zueinander kamen,
werden die Anlagen gelegt
aus denen dann das Kind entsteht.
Nun braucht es seine Zeit zum Reifen
und die werdende Mutter muss selbst erst begreifen,
in ihrem Bauch, da wächst ein Leben, -
das wird ´ne schöne Aufgabe geben.
Nach neun Monaten, also nach der Geburt,
ist es schon erstaunlich, wie man als Eltern spurt.
Das Kleine bestimmt den ganzen Tag,
es ist egal was man selbst will oder mag,
doch ist es satt, still und so friedlich,
und schläft` s ist`s einfach nur noch niedlich.
Dann könnt` man stundenlang nur staunen!
Ein kleines Wunder liegt da in Daunen.

Neuer Erdenbürger

Oft wird die Hausarbeit unterschätzt,
manchmal gar missachtet - und das verletzt!
Fast alle schwärmen vom Mutterglück,
doch man muss sich zurücknehmen, ein ganzes Stück.
Kommt ein Kind auf die Welt, ist die Freude groß.
Jeder kommt zu Besuch, doch sieht er das Kind bloß.
Die Mutter kennt man ja, die ist ja nicht neu,
die ist zwar geschafft, aber ihren Aufgaben treu.
Eigentlich braucht sie Hilfe, das wär` angesagt!
Die Willkommensgeschenke sind schön, da wird nicht
geklagt.
Doch die durchgemachten Nächte, die machen einen
mürbe,
Depressionen kommen auf, - „ach wenn ich jetzt
stürbe"
dann ist das ok, für's Kind wird gesorgt,
dann wird halt ´ne andere Frau ausgeborgt! -
Aber ist die Wochenbettdepression dann vorbei,
fühlt man sich wieder besser, und ein bisschen frei!
Dann probiert und werkelt man allein mit dem Kind,
und wenn auch alle Griffe noch nicht sicher sind,
so lernt man doch entspannter damit umzugehn
und „Geben und Nehmen" kommt ins Gleichgewicht,
das ist schön.

Kinder wollen groß sein

Als Kind dachte man häufig bloß,
wie werde ich nur ganz schnell groß?
Bei Tätigkeiten, die mir fall`n ein,
gibt`s von den Eltern oft ein „Nein!"
Dafür ha`m sie für mich Aufgaben,
die für mich nun wirklich keinen Reiz haben.
Dann denk ich bei mir heimlich, still,
wenn ich erst groß bin, mach ich nur noch was ich will!
Als Jugendlicher probiert man`s aus,
durchbricht Regeln, hält elterliche Strenge aus,
um als gereifter Mensch sodann
zu erkennen, dass man auch da nicht alles kann.
Denn man hat gelernt Aufgaben zu erfüllen,
Verantwortung zu übernehmen, nach eigenem Willen?
Als Erwachsener gehorcht man durch Erziehung der
Pflicht,
und muss selbst entscheiden, was wichtig, was nicht.
Eigentlich ändert sich nur die „Obrigkeit, auch wenn
man`s nicht will,
beim Kind sind`s die Eltern, bei den Eltern das
Pflichtgefühl.

Schwierigkeiten der Jugend

Warum hat es die heutige Jugend so schwer?
Sie hat doch fast alles und bekommt immer mehr!
Doch genau das ist das Problem, wozu sollen sie
schuften?
Die Eltern machen doch alles, als Kind kannst du
verduften.
Welches Ziel sollen sie wählen, eines das die Eltern
nicht haben?
Oder den Geschlechterkampf fortführen, zwischen
Mädchen und Knaben?
Nun plötzlich kommt in der Wirtschaft die große Krise,
die fordert neue Orientierung von Eltern und Kindern
Kräfteverhältnisse ändern sich, wird aus ´nem Zwerg
ein Riese?
Egal, man kann es eh nicht verhindern.
Jeder wird gefordert nach seiner Kraft,
private Ressourcen werden gerafft,
und wenn zwischen Anspruch und Wirklichkeit eine
Lücke klafft,
wird Improvisieren nötig, weil man es eben nur
zusammen schafft.

Erfinderreichtum

Wird man älter, wird man auch oftmals bedenklich und
weise,
man kennt viele Probleme, dreht sich dadurch im
Kreise:
Die Jugend riskiert Versuch und Irrtum, verbraucht viel
Energie,
doch genau den jugendlichen Leichtsinn, den brauchen
sie.
Ginge alles so wie sich`s die Alten denken,
würden wir viele Erneuerungen der Jugend
verschenken.
Dann säßen wir heute noch in unseren Höhlen,
bräuchten keine Autos und Fahrräder ölen,
denn Erfinder werden oftmals belächelt, verspottet,
weil 98 Prozent neuer Ideen im Unverständnis
verrottet.
Aber 2 Prozent dieser Ideen, die bringen voran,
was man an der Entwicklungsgeschichte des Menschen
seh´n kann.

Sucht - Spielen

Als Jugendlicher will man fast nur Computer spielen,
die Tür seines Zimmers am liebsten verriegeln.
Denn im Spiel wird man manchmal zum Überflieger,
schließlich ist man zumindest ab und zu mal der Sieger.
Verliert man ein Spiel, fängt man wieder von vorne an,
es ist nicht passiert, man killt neu Mann für Mann.
Ist ein Spiel dann gewonnen, fühlt man sich toll,
man ist mächtig, überlegen, ist das Maß jetzt voll?
Nein! Nur, dieses Gefühl kann sich zur Sucht
entwickeln,
schließlich ist dies Gefühl schöner als die
Auseinandersetzung mit Pickeln.
Sich in der Realität zu beweisen und Niederlagen
wegzustecken
ist nicht immer einfach, aber das kann man durch das
Spielen verdecken.
Nur irgendwann muss man sich dem Leben stellen,
denn die Umgebung lässt sich auf Dauer auch nicht
verprellen,
Das Leben in der Parallelwelt hat auch irgendwo
Grenzen,
denn Eltern woll`n nicht nur Bequemlichkeit kredenzen.
Dann ist der Fall tief, du fliegst vielleicht sogar aus dem
Nest,
und begreifst dann die Realität oder es gibt dir den
Rest,
hast Du nicht gelernt, zu kämpfen in der Realität!
Erfolgte der Rauswurf vielleicht schon zu spät!?
Aber jeder hat die Möglichkeit, eine Chance zu
ergreifen,
und kann dann an dieser Krise durchaus auch reifen.

Entscheidungsfreiheit

Wie frei sind wir in unseren Entscheidungen
tatsächlich?
Was empfinden wir wichtig, was ist für uns
nebensächlich?
Wie viel haben wir wirklich in unserer Hand?
Wo entscheidet das Gefühl und wo der Verstand?
Wie viel Unabhängigkeit ist uns wirklich vergönnt?
Ist die Eigenverantwortung wirklich so, dass ich könnt`
die Welt aus den Angeln heben und mein Glück selbst
gestalten?
Meine Persönlichkeit ohne Rücksicht auf die Umgebung
frei entfalten?
So einfach geht es ganz sicher nicht!
Wir leben zwar mit Freude aber auch in der Pflicht!
Bei momentanem Energieverlust oder Lustlosigkeit
ist die Pflicht wie ein Korsett und zwingt ein`n zur
Arbeit.
So kann man dann auch dieses Tief überwinden,
ohne Pflicht kann man sich im Energietal wieder finden.
Nur - Pflichtgefühl hat auch seine Grenzen!
Man darf auch mal den einen oder andern Termin
schwänzen.
Denn sonst ist der Energieverlust dauerhaft,
auf dass man dann schließlich gar nichts mehr schafft.

Pubertät

Pubertät heißt Eigenverantwortung zu übernehmen,
dass nicht Eltern sich für das Verhalten der Kinder
schämen.
Denn auch Kinder haben Talente, weiße Flecken wie
Schnee,
davon haben Eltern keine Ahnung, nicht mal `ne Idee.
Natürlich machen Kinder dann auch einmal Fehler,
aber genau darauf haben sie ein Recht.
Packt man sie in Watte – ist man ein Dieb oder Hehler;
man klaut ihnen Erfahrung, und das wär` ja schlecht.
Sie denken: "Wenn ich schon Fehler mach,
brauch ich von meinen Eltern nicht noch eines aufs
Dach.
Ich muss dafür die Konsequenzen ziehen,
ich darf nicht vor der Verantwortung fliehen.
Ist das dann endlich durchgestanden,
ist Vertrauen zur eigenen Stärke entstanden;
dann ist aus dem Pubertist ein Erwachs`ner geworden,
und wir Eltern sind grau und verdienen einen Orden.

Schulzeit

Warum fällt es einem irgendwann immer schwerer
In die Schule zu gehen, `sind`s immer die Lehrer?
Wann hat es denn mit der Lustlosigkeit angefangen?
Früher bin ich doch gern in die Schule gegangen?
Begann es vielleicht mit der Pubertät?
Wenn der Hormonhaushalt durcheinander gerät?
Immer wieder wird Druck aufgebaut, mit jeder Klausur;
so ist man dem Gefühl der Konkurrenz auf der Spur!
Soziales Verhalten, das wird unterbunden,
Zusammenarbeit ist verboten; Spicker werden
gefunden.
Aber es ist so normal, jeden Tag zur Schule zu gehen;
alles ist so selbstverständlich, man glaubt gar nichts
Neues zu seh`n;
doch nach dem Abschluss der Schulzeit merkt man
dann,
ein neuer Lebensabschnitt fängt für einen an.
Und mit zunehmendem Abstand ist man plötzlich
bereit
zu denken: sie war doch schön, auf der Schule die Zeit.

Einmaligkeit

Man sagt, dass Menschen ersetzbar sind!
Doch Eltern bleiben Eltern – immer fürs Kind!
Wenn heute Eltern auseinander gehn
ist`s für`s Kind `ne Katastrophe und sicher nicht schön.
Doch die Schnelllebigkeit der heutigen Zeit,
bewirkt, dass mancher auf der Strecke bleibt.
Die Erwartungen sind oft zu hoch in der Partnerschaft
und hat zur Folge, dass mancher den Spagat nicht
schafft
zwischen Familie, Partnerschaft, Haushalt und Beruf,
auch wenn man diese Konstellation selber schuf.
Es wird alles so herrlich dargestellt,
und doch hat man keine Ahnung von dieser Welt.
Nur die eigene Erfahrung beeinflusst das Leben,
und wird so die persönliche Note geben.

Was braucht der Mensch?

Was braucht jeder Mensch in seinem Leben?
Aufgaben, die ihm die Möglichkeit geben,
zu seh`n, was ist des Lebens Sinn.
Und was steckt noch in uns Menschen drin?
Die Gefühle für Anerkennung und die Liebe
den Fortpflanzungswillen sprich: „die Triebe."
Veränderung, dafür sorgt die Natur
durch Zellteilung, immer ein bisschen nur;
Und Sicherheit; hemmt sie nicht die Entwicklung.
So wird man zwar älter, doch man fühlt sich noch jung.
Ist das alles im Gleichgewicht, ist man auch
ausgeglichen,
doch durch Veränderung wird dem wieder
ausgewichen.
Das Gleichgewicht immer zu halten ist öde und fad;
Veränderung bringt Neues, das nicht zu kennen wäre
schon schad`.
Auch wenn`s Leben schön ist und man möcht´ es
festhalten;
Stillstand ist Rückschritt, dann gehört man zu`n Alten.

Älter werden

Du kannst Dein Leben nicht festhalten,
du kannst es nur sinnvoll gestalten!
Wenn Krisen dich wollen niederringen,
so musst du die restlichen Kräfte zwingen,
dir wieder helfen aufzustehen,
um dann auf neuen Wegen zu gehen.
Auch Umwege bereichern oft,
man sieht manches ganz unverhofft,
in einem gänzlich neuen Licht.
So gibt`s auch Freude durch Verzicht!
Und Freude motiviert ein`n neu,
man muss es nur zulassen ohne Scheu.
Am Ende ist man wie guter Wein,
und zieht entspannt ins Jenseits ein.

Masken?

Die Maskenbildner von Hollywood
machen ihre Arbeit sehr gut.
Nach getaner Arbeit erkennt man den Menschen kaum;
denn das Image muss stimmen, getuned wie ein Traum.
Der Glamour und Glitzer von dieser Welt
wird als Vorbild für jeden von uns hingestellt.
Doch im Stillen, in der Vielschichtigkeit ihrer Person,
sind auch Stars verletzbar und tragen Wunden davon,
wenn die Maske nicht hält
und andere aufdecken, was sie quält.
Im kleinen Stil gilt dies wahrscheinlich für jeden,
deshalb möchte man die perfekte Hülle abgeben,
und für die Arbeit das richtige Outfit haben.
Wer macht denn die gesellschaftlichen Vorgaben?
Ich möchte mit keinem Hollywoodstar tauschen,
wie oft brauchen die Mittel, um sich zu berauschen;
weil es auch Sachen gibt, die sind nicht mit Geld zu
bezahlen,
auch wenn Geld wichtig ist: denn man kann damit
prahlen.

Selbstwertbestimmung

Im mittleren Alter stellt man fest, dass man schwächelt,
man kann selbst nicht mehr alles - hatte es früher
belächelt.
Dann schwankt man zwischen Ärger und Demut hin
und her,
denn die Unzulänglichkeit anzunehmen, dass fällt
verdammt schwer.
Hilft man dann den noch Schwächeren, baut das einen
auf,
dafür braucht man zwar Zeit, doch das nimmt man in
Kauf,
denn man fühlt sich gut, hat eine Aufgabe
auch wenn ich sonst auch noch einiges zu tun habe.
Ich kann mir beweisen, was ich alles noch kann,
welche Kraft noch in mir ist, so steh ich meinen Mann!
Doch ungewollt erhöhe ich den Druck
auf die andere Seite, die macht auch ruck zuck,
denn sie will auf keinen Fall eine Last sein
auch will sie wissen, wie viel sie schultert allein.
Sie würde gern der Welt und sich beweisen,
ich kann auch noch viel, bin kein altes Eisen.
Ich kann auch noch einiges allein,
nur brauch ich dafür mehr Zeit, die Ruhe muss sein.

Arbeitsplatz, wo?

Ist denn die Hausfrau mit der Arbeit je fertig?
Das Haus ist ihr Arbeitsplatz, die Arbeit also
allgegenwärtig.
Man vergisst, weil man sich zu Hause wohlfühlen will,
das Wohlfühlen mit Arbeit im Vorfeld verbunden ist,
und zwar mit viel.
Sogar im Schlaf ist sie von der Arbeit nicht frei,
denn das Gehör ist immer wach, hört sie dann
Kindergeschrei,
steht sie parat und kümmert sich drum,
was läuft jetzt grad bei meinem Kind krumm?
Es summieren sich die vielen Kleinigkeiten,
aber nichts ist echt greifbar, das ist nicht zu bestreiten.
Sie hat Bereitschaftsdienst 24 Stunden am Tag,
davon gibt es nur mit einem auswärtigen Arbeitsplatz
einen Befreiungsschlag.

Unzufrieden?

Wie oft ist man gleich unzufrieden,
wenn`s nicht so läuft wie vorgestellt.
Man ärgert sich und wird zerrieben,
wie ungerecht ist doch die Welt.
Man glaubt den anderen geht`s toll,
die haben ihre Taschen voll,
die können sich ja alles leisten,
und ich muss sparen, am allermeisten.
Nur übersieht man dabei leicht,
man selbst hat auch schon viel erreicht!
Die Schwerpunkte wurden anders gesetzt,
doch sieht man nur das Unerreichte jetzt!
Vielleicht tut`s gut mal still zu halten;
was ändert sich, was bleibt beim Alten?
Das Glas auch mal halb voll zu sehn
erleichtert`s Leben auch ganz schön.

Hausarbeit

Der Haushalt heut` zu Tage ist kinderleicht,
das haben wir durch Maschinen erreicht.
Doch Kinder tun nicht immer das was sie sollen,
sie machen nur das, was sie gerade wollen.
Kommt die Frau dann müd `von der Arbeit nach Haus,
was glaubt ihr, wie sieht die Wohnung da aus?
Da hilft kein Meister Proper und kein General
würden die - wie in der Werbung - auch zu Hause
helfen wär` das genial.

Das Kind im Manne ist schnell entdeckt,
ist durch die Maschinen der Spieltrieb geweckt.
Doch spielt man nur, hat man dafür Zeit,
denn Spielen ist ein schöner Zeitvertreib.
Als Pflicht kommt für ihn die Hausarbeit nicht in
Betracht,
weil man pflichtbewusst alles auf der Arbeit macht.
Zu Hause ist Freizeit, da will man seinen Spaß;
Maschinen zu benutzen, das ist nur für ab und zu mal
was.

Partnerschaft

In einer langen Partnerschaft ist das Aussehen ziemlich
egal,
zuerst kommt der Charakter, stimmt der, ist`s ideal.
Aber das Äußere darf man auch nicht vergessen,
es ist nicht gut sich in zu enge Kleidung zu pressen.
Denn es hängt auch zusammen das Außen und Innen,
das Auge bewertet und man kann den Eindruck
gewinnen,
man kennt sich so lange, da fällt manches nicht gleich
auf,
doch Vernachlässigung von sich selbst, da achtet man
drauf.
Nur der Körper verändert sich, Bodymaßindex zu halten
wird schwer,
die Speckröllchen wachsen, die Falten werden mehr.
Aber auch die Vertrautheit ist gewachsen in all den
Jahren,
man hat viel Schönes und auch einige Krisen erfahren
und die drücken sich in Form von Falten aus –
man sieht`s: bei denen war oft die Zufriedenheit und
das Glück zu Haus,
oder der schaut so griesgrämig in die Welt hinein,
der konnte wohl nicht so häufig glücklich sein.

Gespräche

Sind Männer den Frauen im Gespräch unterlegen?
Wir Frauen glauben das nicht, und denken von wegen,
ich frage ihn mal "Wie findest du das Kleid?"
Egal was er sagt, wir sind schon bereit,
ihm seine Antwort falsch aus zulegen;
und können wir ihn dann doch noch mal dazu bewegen
sich zu äußern über passende Schuh oder Tasche,
passt es uns wieder nicht. Auf mein Haupt die Asche!
Wir Frauen sind eben oftmals eloquent
und wundern uns dann, wenn er nichts mehr sagt oder
pennt.

Launenhaftigkeit

Manchmal passiert`s ganz unverhofft,
dass man sich mit sei`m Partner zofft.
Dabei sind es nur Kleinigkeiten,
es lohnt sich gar nicht, drüber zu streiten.
Alltägliches stört, denn man hat schlechte Laune,
bricht einfach einen Streit vorm Zaune,
und kurz darauf tut es einem dann Leid,
vertan ist etwas Lebenszeit.

Fastenzeit

Nach Fasching kommt die Fastenzeit!
Doch ist man für`s Fasten auch wirklich bereit?
Der Kopf denkt: ich bin selbst bestimmt,
während man sich ein Stückchen nimmt.
Der Bauch will sie essen, diese Sachen
und denkt: Warum sollte ich denn ´ne Diät machen?
Der Kopf mahnt: Halt der Jojo Effekt!
Doch stört es den Bauch, wenn es ihm schmeckt?
Nur wird die Taille immer breiter,
und dann die Kleidung immer weiter,
dann plötzlich braucht man Übergröße;
sie werden geahndet, die Kalorienverstöße!
Da wird die chice Kleidung selten,
so kannst du draußen nicht viel gelten.
Der Bauch schließt Frieden mit dem Kopf!
Soviel kommt nicht mehr in den Topf!
Dann fang ich an mit f .d. H.,
genieß das Essen, es schmeckt wunderbar;
nur jetzt geht`s nicht mehr um die Masse,
so dass ich wieder in die Kleidung passe.
Nun kaue und lutsche ich mit Bedacht,
noch immer was mir schmeckt und Freude macht.

Einkaufen

Für Männer ist Einkaufen wie Kriegsgetümmel!
Lauter Menschen und Waren, was für ein Gewimmel!
Für Frauen, eine Arbeit, die Abwechslung bringt,
unter Zeitdruck nervt aber sonst auch beschwingt,
denn sie trifft dort auf andere, und hält dann ein
Schwätzchen
nur kurz -20 Minuten- ja wo ist denn mein Schätzchen?
Ich habe mich doch nur ganz kurz unterhalten,
auf dem Rückweg zu ihm traf ich noch zwei andere
Gestalten.
Er könnte doch wirklich etwas mehr Toleranz zeigen,
soviel Ignoranz kann ich nun wirklich nicht leiden.
Nun muss ich ihn suchen, was könnte ich fluchen,
Doch beim Blick auf die Uhr muss ich eingesteh`n
Bei der Länge der Zeit wär` meine Geduld auch ganz
schön
strapaziert und ich würde mich langweilen nur da stehn
und warten.
Ah! vielleicht ist er in der Abteilung Geräte für`n
Garten.
An der Kasse staunt er nur, was man alles so braucht,
das alles einzukaufen, da hätt` der Kopf ihm geraucht.
Und doch gehen beide zufrieden nach Hause,
machen dort zusammen eine Kaffeepause.
Und nächste Woche geht's wieder los,
so machen wir Frauen die Wirtschaft groß.

Die gute alte Zeit

Was wird von früher oft geschwärmt!
Alte Geschichten aufgewärmt!
Ach ja – die gute alte Zeit,
das Heute ist ja voller Neid!
Ja damals schaute man nach vorn.
 - Und aus uns ist ja auch was `wor`n.
Die Unsicherheit und die Ängste, sie sind verblichen,
und der Erfahrung des gegangenen Weges gewichen.
Doch auch heute noch nagen die Zweifel an einem;
man hat Angst um die Kinder - tut nur im Verborgenen weinen,
denn Stärke zu zeigen, das ist angesagt!
Mut zu Neuem? – ob man den Schritt denn auch wagt?
Zuschauen zu müssen, wenn Fehler offensichtlich sind
und sich sagen: Ich muss es loslassen, das Kind!
Dann hilft es manchmal zurückzuschauen,
an die eigenen Fehler zu denken und dann zu vertrauen.
Denn auch unseren Eltern ging`s so in ihrer Zeit;
zwischen Hoffen und Bangen: Wann sind sie so weit,
ihr Leben selbst in die Hand zu nehmen?
Sich nicht durch Unsicherheit selbst zu lähmen?
Vertrauen in sich selbst zu wecken?
Vor eignen Ideen nicht erschrecken?
Dann wird das Maulen und das Motzen:

„Ich find euch Eltern doch zum K…"
umgewandelt in Anerkennung und Respekt,
was man dann bei der Erziehung der Enkel entdeckt!
Als Oma und Opa sieht man dann schnell,
das Leben ist doch wie ein Karussell.
Dann sitzen wir da, mit unsern Gebrechen;
es geht nichts mehr so schnell wie früher, Hochmut tut
sich jetzt rächen.
Vielleicht sitzen wir Alten dann zusammen, wenn`s
lärmt,
und gedenken der Geschichten von uns, die oft
aufgewärmt.

Hochzeitstag

Vergisst der Mann den Hochzeitstag,
hat er ´n Problem, ganz ohne Frag`
weil seine Frau das übel nimmt,
sie ist also ganz schön verstimmt.
Da hat er gar nicht viel zu lachen,
nein, er hat etwas gut zu machen.

Wendepunkte

Für jeden gibt`s Wendepunkte in seinem Leben,
er hat nichts mehr im Griff, so ist das eben.
Man kann nicht mehr alles selber gestalten,
Andere bestimmen, man selbst muss es einfach nur
aushalten.
Aber dann ist es irgendwann wieder so weit;
man sieht wieder Land, - alles hat seine Zeit;
denn Lösungen müssen sich manchmal entwickeln,
sind sie gefunden, darf der Sekt im Glas prickeln.
Dann kehrt wieder ein Stückchen Ruhe ein,
das Problem existiert nur noch winzig klein.

Normalität

Wir vertrauen auf die Normalität,
und wenn es uns dann mal schlechter geht,
fragen wir uns natürlich WARUM?
Hab ich was falsch gemacht oder war ich zu dumm?
Warum passiert gerade so etwas mir?
Bei dieser Fragestellung verzweifelt man schier.
Doch schaut man sich um, sieht, wie es anderen geht,
und wie hoch die Plattform ist, auf der man steht,
dann will man mit den anderen nicht unbedingt
tauschen,
man sollte mal öfter in sich selbst hineinlauschen.
Mit einem neuen Blickwinkel lässt sich manches
leichter ertragen,
und Unabänderliches muss einen nicht mehr plagen.

Realität und Schein

Der Schein der schönen, heilen Welt
wird oft als Realität hingestellt.
Dabei weiß jeder ganz genau
´ne heile Welt ist nur ´ne Schau.
Denn überall gibt es auch Sorgen,
nur die hält man ganz hübsch verborgen.
Dabei braucht es ein Gleichgewicht,
denn nur die Starken gibt es nicht.

Erwartungen

Erwarten wir nicht manchmal zu viel vom Leben,
nur weil Experten eine Richtung vorgeben?
Freude, Glücksgefühl und Euphorie!
Natürlich sind die toll und wir kennen sie,
doch können wir die ja nur richtig schätzen,
wenn wir sie mit einer gewissen Bodenhaftung
vernetzen.

Lebe Deine Träume

Die Aufforderung: Lebe Deine Träume
ist manchmal überzogen: denn sie wachsen nicht in
den Himmel, die Bäume.
Denn aus einem Traum kann auch ein Albtraum werden
geht Realität verloren – die Phantasie geht durch wie
auf wilden Pferden.
Träumen heißt doch auch Idealisierung, Hoffnung
Zuversicht.
Realisiere ich Träume gefallen sie mir vielleicht gar
nicht.
Die Phantasie gibt uns doch die Kraft aufzubrechen zu
neuen Zielen,
in Träumen können wir vieles durchspielen.
In der Realität kann die Schattenseite mehr Gewicht
bekommen
und dem Schönen im Traum wird der Glanz
genommen.
Träume und Realität in Einklang zu bringen
ist die Kunst des Lebens, darum muss man ringen.

Lebenssinn

Leben an sich hat keinen Sinn!
Doch denk und freu ich mich: Ja ich bin.
Der Körper, Geist und auch die Seele
freut sich, wenn durch die durst`ge Kehle
Trinkbares fließt und auch das Essen,
`s zieht Freunde an, die ganz versessen
drauf aus sind, mit dir zusammen zu feiern
egal ob Spanier, Preußen, Hessen, Bayern.
Für andre da zu sein ist gut,
es kommt zurück wie eine Flut.
Das gibt dem Leben einen Sinn,
weil ich halt so bin, wie ich bin.

Gut gemeint

Das Gegenteil von gut ist gut gemeint,
man kann sich so schlecht gegen wehren, wenn es doch
so gut scheint.
Doch nimmt der Adressat eine andere Richtung und
ging`s dadurch schief
muss sich der Sender fragen: „ War ich zu naiv?"
Diese Seite hatte ich ja noch gar nicht bedacht,
da hab ich wohl wieder was falsch gemacht.

Glück und Leid

Das Leiden liegt oftmals bleischwer auf der Erde, und
man kann gar kein Glück mehr sehn,
doch ohne Leid kann es das Glück gar nicht geben, wir
könnten manches gar nicht verstehn.
Denn nur so entsteht der Ausgleich von Stolz und von
Demut,
nur eine Seite allein tut einem Menschen niemals
wirklich gut.
Letztendlich ist doch eines klar, Glück und Leid sind ein
Schwesternpaar.

Lebensmotto

Alles zu viel, das ist von Übel
Schütt deine Sorgen in einen Kübel.
Und bist du auf einmal ganz weit oben
Wohin Dich Glückshormone schoben,
dann kannst du auch ganz schön tief fallen
und ziemlich hart auf den Boden aufknallen.
Denk` dran! Stets nur bergauf, das ist bedenklich,
denn auch das Glück ist nicht unendlich.
Doch kennt man Höhe und das Licht,
so schreckt einen Tiefe und Dunkelheit nicht.

Wissenschaft

Auch wenn Wissenschaftler Wissen schaffen
über Verhaltensweisen bei Mäusen und bei Affen,
wissen wir doch alle über gar nichts Bescheid!
Vieles ist Beobachtung und Wahrscheinlichkeit.
Immer wird neu erfasst und neu überlegt:
Stimmt es so? Ist es so schon woanders belegt?
Ist es allgemeingültig? Stimmt die Kommunikation?
Das eigene Erleben bestimmt die Interpretation!
Ändert sich der Zeitgeist, wird auch vorhandenes
Wissen in Frage gestellt,
wie z. B. das Internet, es verändert die Welt.
Und doch will jeder Mensch nur angenommen sein.
Er verändert sein Umfeld, und sei es noch so klein.
Dann bekommt so ein Philosoph wie Sokrates wieder
Gewicht:
„Ich weiß, dass ich nichts weiß" eine große und doch
einfache Sicht.

Wirtschaft und Politik

Was haben denn die Politiker für ein Problem?
Unsere Wirtschaft funktioniert doch nach dem
Schneeballsystem!
Es ist alles auf Wachstum aufgebaut,
in dem einer dem anderen fast blind vertraut,
dass es immer und immer mehr Wachstum gibt,
auf ein Ende zu schauen, ist nicht grad beliebt.
Das Geld geht doch nicht verlor`n in der Krise,
aber einige Reiche kommen in die Miese.
Es sind plötzlich andere, die das Geld einstecken,
denen es egal ist, wie viele dabei verrecken.
Irgendjemand zieht aus der Krise den Profit;
und nimmt was er kriegen kann für sich mit.

Kaffeefahrt

Ich habe gewonnen! So steht`s zumindest auf dem
Papier
und darf noch andere mitnehmen, bis zu vier.
Aber den Preis muss ich selbst abholen
ich weiß: in Wirklichkeit wird mir die Zeit gestohlen.
Einen Preis gewonnen? Es ist mir schon klar,
dass es eine Einladung zu einer Kaffeefahrt war.
Doch, wo ist der Haken, wo die Hintertür?
Fahr ich mit, bekomm ich des Rätsels Lösung dafür.
Die Busfahrt umsonst, eine schöne Fahrt,
in Wirklichkeit werden die Teilnehmer zusammen
gescharrt.
Ein gutes Frühstück wurde angekündigt,
das ist sehr sparsam, mit Kalorien wird da nicht
gesündigt.
Dann beginnt die Verkaufsshow, - geschickt gemacht,
Gemeinschaft wird gefördert, gemeinsam gelacht,
die Miesepeter sollen gehen, mit denen kann man nicht
werben,
die können einem nur die gute Stimmung verderben.

Dann wird einem das Erhalten der Gesundheit gepriesen,
dafür kann dann ruhig das Geld etwas mehr fließen.
Die Zielgruppe sind die Alten, die auch Schmerzen quälen,
genau darauf tun die Verkäufer zählen.
Aber wer es schafft, dieser Strategie zu entfliehn,
kann durchaus auch etwas Positives daraus ziehn.
Ein Nachmittag unter Menschen, raus aus dem Alltag;
Es kann sein, dass gerade das so mancher mag.
Aber ist die Zahl derer zu stark und zu mächtig,
läuft der Verkauf nur schleppend statt prächtig,
wollen zu wenige etwas kaufen,
kann die Veranstaltung auch aus dem Ruder laufen.
Auf jeden Fall kann es ein Erlebnis sein,
mit neuen Eindrücken kommt man heim
und überlegt beim nächsten Gewinn,
vielleicht gehe ich diesmal wieder hin.

Zwiespalt

Zwei Herzen schlagen in meiner Brust!
Das war immer so, nur mir nicht bewusst.
Mal habe ich Kraft und zieh` viele mit,
und dann plötzlich fall ich, und komm aus dem Tritt.
Dann brauche ich Freunde, die mir Unterstützung
geben,
Manchmal auch nur ein bisschen, so ist halt das Leben.
Ich wäre am liebsten immer fröhlich, und hätt` gute
Laune,
schaute auf `ne heile Welt, lehnte mich zurück und
staune.
Aber die heile Welt gibt es nur für den Augenblick
und schnell ist man in der Realität zurück.
Doch können Träume auch teilweise Wirklichkeit
werden,
und wenn der Blickwinkel stimmt, können Träume auch
erden.
Denn es gibt ja dann auch noch die andere Seite;
die, die sich ärgert, wo ich mich mit anderen streite!
Aber ohne die ändert sich nicht viel im Leben,
man würde vor lauter Harmoniebestreben
auf der Stelle stehen, käme nicht voran,
und fragt sich vielleicht einmal, „ war es das dann?"
Das wie, wann und was ist bei jedem anders geartet,
und wer eine perfekte Lösung erwartet,
der hat eben Pech, denn die gibt es nicht,
weil es immer mehr gibt, als nur eine Sicht.

Balance

„Zeit ist Geld", so heißt doch ein Spruch!
Doch wer Zeit hat, hat meistens an Geld nicht genug.
Und wer Geld hat, ja der hetzt, hastet und rennt
von Highlight zu Highlight von Event zu Event!
Dabei heißt es doch auch „In der Ruh` liegt die Kraft".
Und auch dieses Sprichwort ist doch fabelhaft!
Denn bei der Hetze geht die Vorfreude verloren.
Man weiß gar nicht mehr wie fühlt es sich an dieses
„Neugeboren"?
Die Ruhe - und dann die Anspannung spüren -
oft tut sich die Ruhe in der Spannung verlieren.
Denn auch nur freudige Anspannung bedeutet Stress,
wenn ich einen Termin an den anderen press.
Für sich selbst die richtige Balance zu finden,
muss man jeden Tag neu, denn es klappt nicht,
sie für alle Zeit fest zu binden.